그 말이 풍경을 있게 한다

*이 시집은 한국예술인복지재단의 창작지원금을 받아 간행되었습니다.

그 말이 풍경을 있게 한다

초판 1쇄 발행   2025년 6월 18일

지은이 | 엄순복
만든이 | 이한나
펴낸이 | 이영규
펴낸곳 | 도서출판 그린아이

등록 연월일 | 2003. 12. 02.
등록 번호 | 제2-3893호
주소 | 서울특별시 은평구 녹번로 6-11, 201호
전화 | 02)355-3035 팩스 | 031)965-4679
이메일 | gmh2269@hanmail.net

ⓒ엄순복, 2025

책값은 뒤표지에 있습니다.
잘못 만들어진 책은 바꾸어 드립니다.
무단 전재 및 복제를 금합니다.

ISBN 979-11-91376-50-0(03810)

그 말이 풍경을
있게 한다

엄순복 시집

그린아이

| 시인의 말 |

    윤동주 시인은 생전에 시집 한 권 못 내었는데, 나는 부끄러운 마음으로 두 번째 시집을 낸다. 윤동주 시인의 발자취를 찾아 북간도 명동촌을 돌아보고 일본 교토와 후쿠오카를 답사하며 시대와 민족의 아픔을 가슴에 담기도 했다. 하늘을 우러르며 한 점 부끄럼 없이 살고자 했던 시인의 삶을 자주 되새겨 본다.

2025년 6월
엄순복

| 차례 |

시인의 말 5

**제1부
연두에 반하다**

가만히 12
새 13
1월 14
우수 15
봄은 온다 16
초봄, 사랑재 17
봄이 오는 길 18
덩달아, 봄 19
목련 날개 20
연두에 반하다 21
라일락 잎사귀 같은 22
대추를 따며 23
나무도 계절을 타네 24
단풍 25
11월 26
산수국 헛꽃 27
12월 28
꿈꾸는 나무 29

제2부
그늘에 대하여

봄날 32
눈물 33
벚꽃 34
그날 35
그늘에 대하여 36
슈거 스폿 38
나의 명함 39
사인sign 40
젊은 시인의 부고―故 황병승 시인 41
시가 오는 밤 42
부분일식 43
비밀번호 44
모녀 45
김장 46
편지 48
플랫폼 49
사라지는 것들 50
파마디하나 51

제3부
위 로

자국 54
그래의 봄 55
위로 56
괜찮아 57
시 58
그 말이 풍경을 있게 한다 59
별이 되어도 60
무명성 지구인 61
이기호라는 기호 62
9월이 오면 63
저녁 64
가을나무 65
오래된 집 66
행복 67
물들어가는 68
11월의 하늘공원 69
수다 70
시들해진다는 것 71

제4부
여름 기도

사랑시 74
여름 기도 75
왜 76
성탄전야 77
벧엘 78
간구 79
병실에서 80
낙타처럼 81
신 하박국 82
시작詩作 노트 84
생명의 떡 86
겨울나무 88
너를 보낸다 89

제5부
길

횡성에서 92
길 93
한라산에서 94
목월 시 정원 96
구보 씨와 일일 98
모르는 여행 100
기억법 101
철원 노동당사에서 102
설악에서 104
서귀포 105
호로고루성 106
사파에서 길을 잃다 107
우수리스크 발해유적지 108
해변에서-하와이 라니카이 비치 109
6월, 광주 110
그들의 역공 111
봄, 민들레 112
침묵의 봄 114

제6부
윤동주문학기행
-청년 윤동주를 찾아서(교토에서 후쿠오카까지) 117

감상 평설/ 경직된 틀 벗기 그리고 직관의 세계
　　-김지원(시인, 전 한국크리스천문학가협회장) 133

제1부
연두에 반하다

가만히

사람 사는 세상에서
무엇이 된다는 건
그것에게 얼마큼은
나를 내어주는 일

시에게 나를 내준 일이 없어
시인이라 말하기는 송구하고

그저 멀찍이
시의 뒷모습을 좇아가다
사람들에 에워싸인 시의 옷자락에
가만히 손끝을 대어보니

시가 조용히 나를 돌아보네.

새

점점이 붉은 산
새가 난다

대각선으로 바라보면
삶은,
유영하는 물고기처럼
가벼이 떠돌고

차갑게 달려드는 물결에
한세월 떠내려왔으나
물속 같은 세상에도
간간이 퍼지는 햇살

구름 사이로
새가 난다.

1월

지나치게 나를 닦달하지 말자
서두르지 않고 좀 놀면서
바람이 어디로 가는지 살펴보면서

뜨거운 시간은 곧 다가올 것이다
나무들은 아직 두 팔을 뻗고
고독한 꿈속에 잠겨 있다

바람은 천천히 골목을 돌아나가고
나무뿌리는 슬며시 바깥을 내다본다

은밀한 무채색의 기다림 속에서
물줄기는 스스로 제 길을 낸다.

우수

올 듯 말 듯
오! 눈 못 준 사이
손마디 붉게 도드라지고
나뭇가지 사이로
춤추는 바람
봄보다 먼저
꽃소식이 온다

안개비 내려
대지를 적시는데
잎샘 꽃샘
쉬 떠나지 못하는
시샘달
홍매화 소식에
귓불 붉어진다.

봄은 온다

그래도 봄은 오는구나

핏빛 함성처럼
번지는 진달래

까맣게 타버린 산자락마다
기억이 하나 둘 무릎을 세워

푸른 잎 하나 없는 빈 가지에
선연하게 혼불로 되살아나는

봄은, 온다

초봄, 사랑재

아직 꽃 피지 않은
사랑재* 정원
여인들의 향기로
봄꽃 화사하다
배롱나무 빈 가지마다
소담스런 꽃송이
산수유 노란 꽃잎
눈앞에 그려보고
감나무 가지에 남은 감꼭지들은
파란 하늘에 수묵화가 된다

상수리나무 굴참나무 신갈나무
졸참나무 갈참나무 떡갈나무
참나무 6형제 도토리 이야기에
여자의 입술이 꽃잎처럼 붉어진다
은행나무 가지 위 꼬마전구들
싱그런 연록으로 피어날 때면
눈 침침한 사랑재 나무들
속까지 온통 환해지겠다.

*국회 안에 있는 한옥 건물.

봄이 오는 길

신랑신부를 축하하러
먼 길을 다녀온 날
어린 신부는 봄빛처럼 환하고
아버지는 복사꽃같이 까부는 딸을 보며
눈시울이 붉은데
봄이 한길까지 내려왔는지
빈 가지에서 눈꽃이 반짝거린다

꽃 이름이나 부르며 뒹굴던 날은
들려오는 꽃 소식에도 마음을 뺏겼지
옛 지도처럼 뻗은 나뭇가지에서
푸르게 돋아나오는,
맨발을 내놓아도 시리지 않은
유년의 골목길
봄은 그 길로 온다.

덩달아, 봄

누군가 창가에
초록을 두고 간다

엊그제
살포시 다가온 노랑

갑사저고리처럼
아른거리는 연분홍

열어둔 창 밖에선
햇살과 바람의 데탕트

유혹하는 대기의 숨결에
마음도 덩달아 따라나서 봄.

목련 날개

날아오르자!

잠 깬 하늘에 봄빛이 들면
겨드랑이 환하게 날개 돋아나
생애 단 한 번
목련 날아오른다

처음부터 공중에 매달린 너는
어둠 속에서도 등불을 켜고
컴컴한 허리 어디에서
눈부신 날개를 자아내었나

환하게 봄빛 장착하고
순간의 날개 활짝 펴서
생애 가장 뜨거운 몸짓으로
하얗게 하얗게
목련, 날아오른다.

연두에 반하다

연두의 옹알이에
눈을 뜬다

창가에 기대어
오래도록
연두의 영혼을 꿈꾼다

유리창 가득히
연두가 일렁인다

돌아오지 않을 것 같던
그리운 노래가
점점이 뇌리를 맴돌다가

연두의 숨결 속으로
환하게 젖어들었다.

라일락 잎사귀 같은

조팝나무가
하얀 이를 내보이며 웃네

보라색 라일락이 저만치에
쓰디쓴 라일락 잎사귀 같은
첫사랑이 걸어오네

다시 봄이 찾아와
오랜 기억을 되살리고
흩어진 머리카락을 쓰다듬네

키 작은 자목련 나무 아래
젊은 그가 앉아 있네.

대추를 따며

아파트 앞마당 양지쪽에
어린 대추나무 몇 그루
가을에 들어서기 전부터
사람들 손을 타고 말았다
뙤약볕 뇌성을 견디며
공깃돌만큼 여문 대추알들
가을볕에 발그레 물들 사이도 없이
새파란 머리채 사납게 잡혀
사방에 잎사귀 흩뿌려지고
가지 꺾이고 등허리 휘었어도
조그만 얼굴들 맑게 반짝인다
고운 열매 순명으로 바치는
대추나무 아래 서면
나는 어쩐지
대추보다 붉어진다.

나무도 계절을 타네

가을햇살에 나무들이
시골 버스길에 줄지어 서서 누굴 기다리는지
해쑥해진 얼굴로 바람에 흔들리고 있길래
걷어낸 논 위로 몇 발자국 걸어 들어가
멋진 구도로 한 장 찍어주었지
파란 하늘을 배경 삼은 나무는
실물보다 선명한 빛깔로 사진에 담겨서
한창때처럼 빛나고 있네
푸른 잎에 감추었던 다채로운 마음을
스펙트럼처럼 보여줄 가을햇살을 받으며
그래, 여기까지 잘 왔구나
바람에 몸을 맡기고 계절을 타는가 보네.

단풍

나, 이제 갑니다
안녕히 계세요

이별의 인사는 매양
환한 얼굴빛

하루쯤은 일손 놓고
떠나는 그대 보러 갈거나

잠깐만 잠깐만 하다가
나는 또 그대를 놓치네.

11월

후둑 후둑 지는 시간 앞에서
빈몸으로 햇살을 받는다
손에 쥐었던 것들 하나씩
기억 속에 갈무리하고
바람이 부는 대로
마음이 흔들리는 대로
말갛게 쏠리어 가는 길

저만치,
순한 눈을 가진
어린 생이 다가온다.

산수국 헛꽃

꽃인 것이, 꽃이 아닌 것이
낮달처럼 하얗게 떠 있네

마른 날에도 꼿꼿이 고개 세우고
서릿발 추위에도 하늘을 받들어

지나는 길손
눈길을 멈춰 서네.

12월

저녁 해가 붉은 띠처럼 산허리를 감싼다
몇 줄기 억새가 으스스 떨고 있다
잎을 떨군 나무들은
가녀린 손으로 하늘을 쓰다듬는다
홀로 남은 12월이 깃발처럼 펄럭인다.

꿈꾸는 나무

나무가 지상의 잎을 벗을 때
가지들은 허공을 열고
떨어진 나뭇잎들은
날개를 단다

하늘 끝으로 날아가
새로운 생명을 얻고
물속에 대기 속에
반짝거리는
생의 나이테를 키운다

아, 내려놓음으로
꿈꾸는 나무여
허공에 길을 내는
나무의 꿈이여

제2부
그늘에 대하여

봄날

밤에도 환한 날들
벚꽃 등 아래
잠들지 못한 사람들이 모여
봄의 전야제
밤새 출렁였지

그 물결 어디쯤에서
꽃잎 한 장 날아와
잊히지 않은 시간이 되어
봄의 전야제
해마다 꽃등 켜들지

눈물

잠깐 동안 세상은
하늘하늘한 너울에 감싸이다가

격정의 순간이 지나고
순정한 것들이 내 안에 고여

뜨겁다가 울렁이다가
어느덧 흘러나오는

내 안에서 숨쉬는 것
아아, 나를 살게 하는 것

벚꽃

기별도 없이
온 천지 하얗게 나부끼다가
화르르
4월이 내려앉는다

꽃 진 자리
퍼렇게 돋아난 그리움
여린 가슴에
반짝이는 그늘이 되고

미처 못 나눈 말들
켜켜이 쌓인 가지에서

눈시울 붉은
새 한 마리
고운 울음 울다가 간다.

그날

5월이어도
사랑하지 않았다

지키지 못한 약속들이
눈앞에 다가와 멈추고
매캐한 탄식들이
라일락 향기에 섞여
스러지던
아, 혼돈의 그날

온몸으로 너를 부르며
너를 기다리며

5월이어도 우린
사랑하지 않았다.

그늘에 대하여

살구나무 그늘에는
조롱조롱한 살구향이 매달려 있고
모과나무 그늘에는
달큼한 모과향이 매달려 있다

어룽거리는 소나무 그늘 사이로
솔바람이 함부로 드나드는 저녁이면
먼 집에서는 밥 짓는 연기가 피어올라
재크의 콩나무처럼 하늘까지 자라난다

빛나는 태양을 향하면서도
나무는 제 안으로 그늘을 일구어
차가운 계절이 다가올 때에도
언제나 나무 그대로이다

그늘이 없는 사람이라면
숲길에 들어서지 말라

그늘로 이어진 숲길에 들어서면
나무의 온갖 향기가 전해져오고
그 향기 속에는
나무의 아픈 속내가 어룽거린다.

슈거 스폿

나는 마트에서 바나나를 살 때
싱싱하고 샛노란 것보다는
군데군데 검은 점이 생긴 것을 고르지
슈거 스폿이라고 하는
달달한 검은 반점이 생기면
보통은 30퍼센트 쯤 깎아서 팔기도 하는데
바나나를 집어든 내 손등에도
이미 검은 꽃이 몇 개는 내려앉아서
내 삶도 30퍼센트 쯤 깎아서 말해야 하나
어쩐지 서글픈 생각이 들다가도
그 검은 반점들이 실은
바나나 생에서 가장 달콤하고
온갖 양분을 품고 있는 징표라는 생각을 하면
어느 시절 어느 길목을 지나며
내 손등에 곱게 내려앉은 별들을
함부로 저승의 꽃이라 부를 수는 없지

나의 명함

나의 명함은
가난한 시집 한 권

눈에 띄는 글줄은 없고
헐벗은 시편들이 아흔 편
옹송그레 들어앉았네

지나가는 햇살에
쌓인 먼지 털어내며
잔기침 두어 번

뒷마당 복숭아
저 혼자 붉어지고
산수국 헛꽃이
낮별처럼 떠 있는 집

떠돌이 식구들
한데 얼려
시집 한 채 지었네.

사인 sign

마침내 그 책을 열었을 때
첫 페이지에 쓰인 내 이름 석 자
그 아래 선생의 이름 두 글자가
만년필의 자취로 남아 있다

하얀 지면에 글자를 새기던
그 순간의 빛과 공기의 흐름

적당히 팽팽하던 공간의 긴장과
완급을 조절하던 시간의 흐름 사이
미끄러지는 만년필을 따라가던
눈길을 떠올린다

내 안의 공기를 한 바퀴 순환시켜
깊은 숨으로 토하게 하는
한 치의 허술함도
허용하지 않을 눈빛

한 시대를 걸어온 그 이름이
나를 응시하고 있다.

젊은 시인의 부고
—故 황병승 시인

명복을 빈다는 말의 공허함이란
발신전용 SNS에 보낸 답 문자처럼 하릴없어

얼굴 없는 세치 혀는 그대에게 가 닿지 못하고
허공을 맴돌던 구석진 마음만 제자리로
돌아오는 저녁나절

비는 추적추적 내리며 발등을 찍고
뜨지도 않은 해는 질 일이 없어 무료한데

그대는 붉은 꽃으로 피었다 지는가
젊은 시인아,
나는 그대 꽃다운 이름 석 자만 바람결에 스쳤네.

시가 오는 밤

떠나는 생이 안타까운지
밤 깊은데 매미가 운다

좀처럼 잠이 오지 않는 밤에는
시가 잠처럼
스르르 오기도 한다

단잠에 들어
고된 하루를 잊게 되듯

어쩌다 시가 찾아와
불면의 영혼을 다독여주는

그것을 아는지 저 매미
저토록 간절하게
시를 맞이하고 있다.

부분일식

달의 뒷면도 어둡지 않고
가끔씩 태양을 보고 있다 하네

2019년 1월 6일 9시 18분
달이 태양을 만났네

한입 베어 먹은 빵 같은 해가
주황색 햇무리 가운데
선명하게 빛나고 있었네
그렇게 기품 있는 해의 얼굴을
본 적이 없었네

해를 품은 달이
한낮의 그림자를 드리우고
낮과 밤이
태초의 한 점을 지날 때
지상의 꽃들은 일제히 환호했네

달의 얼굴이 태양빛에 물든
환대의 순간이었네.

비밀번호

비밀번호를 해제한다
하마터면 내가 나를 잠글 뻔했다

언젠가 여행가방 안에 갇혔을 때
막막함에 숨이 막혀왔지
세상이 온통 잠겨버린 것 같았지만
나는 용케도 뒷문으로 빠져 나왔어

비밀번호를 바꾸라는 독촉을 받고
학교 군대 고향 개 따위의 힌트를
숫자와 기호로 조합하다가
알지 못하는 숫자에 갇힌 적도 있었지

사람들은 자신을 보호하려고
저마다 비밀의 문을 잠그는데
어쩌나
학교 군대 고향 개 따위의 힌트가
그 누군가에게도 힌트가 된다면

모녀

아이는 제 엄마의 아랫배에
얼굴을 묻고 서 있다
두 팔은 엄마의 허리를 바짝 끌어안고
조그만 발은 엄마의 발 위에 얹혀 있다
엄마가 아이의 긴 머리카락을 감기는 동안
그들은 다시 한몸이 된 것처럼 보였다
아이의 생명과 엄마의 생명이 하나로 이어져 있었다
몸 밖에서도 아이는 어미의 숨결을 찾아낸다
몸속에서 280일 생명을 키웠던 시간은
저토록 사랑스런 삶의 무늬를 그려내는 것인가
동물이 제 새끼를 핥아주듯 정성스레
엄마는 아이의 머리를 쓰다듬는다
아이가 굳건해진 날개로
한껏 하늘을 날아오를 때까지
엄마는 아이를 보듬었다가 밀어내고
다시, 보듬을 것이다
엄마의 두 팔은 언제나
아이를 향해 뻗어가고 있을 것이다.

김장

스물다섯 시집간 해에
처음 김장을 담갔다

처음이라지만 이미 내 안에는
김장에 대한 기억이 숨쉬고 있었다
가을햇살에 말려 둔 고추를 빻아오고
곰삭은 젓국을 달이고
갖은 채소와 해물을 다듬어
김치 속을 버무리시던 손길이 떠올랐다
한겨울 식구들의 무탈한 밥상을 위해
나른하게 절여진 배추의 몸통 사이마다
붉디붉은 양념을 바르는 일은
거룩한 의식을 치러내듯 언제나
곱고도 정결했다

정성 어린 김치 두어 가지 마주하고
밥상머리 둘러앉은 따끈한 밥그릇들
소복이 담긴 밥 한 그릇을 비우는 동안
알큰하게 입안을 채운 기운은

더운 피가 되어
언 허기를 채우고
언 하루를 녹이고,
차갑게 굳어버린 계절마저
김치의 숨결 속에서 익어갔다.

편지

왕창 왕창
눈이라도 내릴거라

들판에는 이미
싸락눈 날리고

아득한 하늘 어디에서
수신인 없는 엽서 한 장

항구의 바람을 등에 지고
저무는 거리를 서성이며

눈이 내릴거라
약속처럼

플랫폼

낮은 숨을 내뱉으며
마지막 도착한 완행열차

희부연 불빛 아래 서성이다가
팔목시계를 들여다보며
개찰구로 모여든 사람들

소리 없이 문이 열리고
사람들이 하나 둘
흩어지고 나면

발밑에 깔린 안개를 따라
흐느끼듯 천천히 돌아오던 밤

사라지는 것들

목소리만 남기고
뾰족한 턱은 사라졌네
그날의 간절한 눈빛
막막한 젊음 앞에서 목놓았던
붉은 열망마저 하나 둘
집으로 돌아갔네

생명을 일깨웠던 푸른 잎들아
부풀어 오르던 꿈들아

무르익은 오후는
시간의 언덕을 내려갔네
끓어오르는 물처럼
솟구치던 마음은
잠잠히 산을 바라네
물에 잠기네.

파마디하나*

아프리카 남동쪽
섬나라 마다가스카르
하늘에서 본 파마디하나는
알로록달로록 빛나는 화폭

무덤에서 나온 주검은
흰 예복을 갈아입고
그리운 이들에게 다시 안기네

울음 대신 환송의 노래
색색의 옷을 입고 춤추는 사람들
붉은 침실로 돌아가기까지
태양 아래 하나 된 죽음과 삶

밥을 먹으며, 커피를 마시며
얼굴 모르는 죽음을 생각하네
존재 없는 그리움을 그리워하네.

*마다가스카르 말라가시족의 전통장례의식.

제3부
위로

자국

아이가 달려가다 내 발등을 살짝 밟았다
가다 돌아서며 고개를 숙인다
검은 신발 등에 희미한 자국이 남았다
다시 내려다보니 아이의
상기된 얼굴이 떠오른다
그냥 두면 며칠은 갈 것 같다.

그래의 봄

새봄 맞으세요
품에 달려드는 어린이집 아이
그래, 그래도 새봄 맞으세요

하얀 얼굴에 눈웃음을 달고 있는
그래라는 이름의 아이
수줍게 건넨 새싹의 인사가
화르르 지는 벚꽃보다 예뻤다
살면서 처음 들어본 신박한 인사말
나도 지인들에게 건네며 안부를 전했다
알고 보니 그래의 인사는
새해 복 많이 받으세요 였단다

그래, 만 세 살 아이의 눈에
세상은 얼마나 신기한 것이더냐
팔랑거리는 연둣빛 잎사귀
새봄 맞이하는 예쁜 그래야
검버섯 어둑한 잠을 깨우는
너는 나에게 새봄이다
복 많이 받고 푸르게 푸르게
잎을 피워 내거라.

위로

혼잣말을 한다
오롯이 나에게

그러면 불빛은 환해지고
정신은 또록해진다
괜찮아 잘한 거야
누군가
내 말을 따라한다

작은 창이 열리고
창문 밖에 앉은 제비꽃
보랏빛 그녀

괜찮아

어렸을 때 너는
걷기보다 뛰고 싶어 했지
그러다 곧잘 넘어져도
울지도 않고 일어섰지
카우아이섬*의 아이들처럼,
결국은 너도 해낼 거야
서툴게 가더라도 기다려줄게
변치 않는 너의
한 사람이 되어줄게
괜찮아

*하와이군도 북서쪽 끝에 있는 작은 섬.

시

시가 무엇인지 생각하며 걷다가
감나무 가지에 툭, 부딪혔다
먼지안개로 뿌연 하늘에도
감빛은 저리 선명하구나!

그 말이 풍경을 있게 한다

송홧가루 날리면 떠오르는
산지기 외딴집
눈먼 처녀사*
외롭고도 붉은 긴긴 윤사월

배고픔도 서러움도
가슴 한복판 우르르 치며 올라오는
뇌성으로나 남았을 뿐

절름발이로 걸어온 길에도
하나 둘 들꽃 피어나

세월 지나도 변함없는 마음속 풍경들
먹먹한 키워드로 불러내는 그곳

흐릿한 기억이 만들어낸
마음 저장소에는
빛 고운 풍경들이 담겨져 있다.

*박목월 시 '윤사월' 3연.

별이 되어도

별이 되어 반짝이면 무슨 소용 있으랴
들판의 꽃 한 송이 바람에 흔들리는데

캄캄한 하늘에 별로 뜬다 해도
어두운 밤길을 밝히지 못하리

차라리 제 몫의 반딧불이 되어
숲길을 수놓고 어둠을 깨우리

별이 되어 스러지면 무슨 소용 있으랴.

무명성 지구인*

컹컹 웃는 댕댕이
웃음 끝에 매달린 가지런한 치아가
예쁘다고, 달이 참 예쁘다고
노래를 부르며 잠드는 사람들

하늘이 담긴 작은 웅덩이엔
구름 한 점, 새 한 마리
눈물에 젖은 긴 속눈썹

길들여지지 않은
붉은 장미 한 송이
시가 되고 별이 되어

날아오르자
그 맑은 세상으로
웃음 끝에 매달린 날개를 펴고
함께, 날아오르자.

*싱어송라이터 이승윤의 노래 제목.

이기호라는 기호

광화문 교보빌딩 23층 강의실에서
이기호라는 기호를 만났다
반갑습니다 꼭 뵙고 싶었어요
사인펜을 든 그에게 인사했다
수많은 기호 위에
새로운 기호 하나 던져준 이기호 작가

누구에게나, 친절한
교회 오빠 강민호*는
누구에게는, 달콤한 가시가 되었을 터
찔리는 것은 어쨌든 각자의 몫이지
당신은 타인을 환대하는가
환대하는 자신을 환대하는가

사람과 사람 사이에는 나무들처럼
간격이 필요하다는 나름의 생각에
세심한 균열을 가져온 어떤 물음
내 모든 기호들을 빨랫줄에 널어야 할 것 같은
세상 까칠한 이기호라는 기호

*이기호 작가의 소설집 『누구에게나 친절한 교회 오빠 강민호』.

9월이 오면

9월이 오면
아직 못 가본 오붓한 길을
온종일 걸어보겠습니다
걷다가 붉은 흙을 만나면
주저 없이 나는 맨발이 되어
보드라운 흙 가슴에
마음을 기대고
아직 못다 한 뜨거운 사랑
아낌없는 햇살을 온몸에 받으며
바람 일렁이는 가을 들녘을
9월이 저물도록 걸어보겠습니다
가다가 힘들면 어느 나무 아래
지친 팔다리를 부려놓고
붉은빛이 나를 물들일 때까지
지나온 길들을 추억하겠습니다.

저녁

여름이 이울고 있다

여름의 옷자락에서
어둠이 실오리처럼 풀린다
해는 바삐 산등성이를 지나
수평선 너머 제 집을 찾아든다

어머니를 멀리 떠나온 날도
라디오에서 저 노래가 흘러나왔나
맑고 고운 것들은 늘 낯이 익다
선율이 되거나 바람이 되어
숲을 흔들고 나무들을 깨운다
책갈피에 끼워 둔 오래된 나뭇잎
장식장에 놓인 돌멩이 하나
그 쓸모없는 존재들이 사랑스럽다
뜨겁게 솟아올랐다가
분주한 발소리로 언덕을 내려가는
여름의 뒷모습

나무 그림자 사이로
얼굴 없는 고요가 내려온다.

가을나무

열매를 모두 떨군 나무는
홀가분할까

자식들 다 떠나보내고
더는 손 벌릴 사람 없어
쉴 만하다 싶으니
어느 날 찾아온 손님

순해진 몸 어디에 자리 잡았는지
찾아내기도 쉽지 않아
제발 제 발로 나가주기만
간절히 바라고 기도드렸네

사랑은 멀리 있어도
서로를 이어준다는데
몇 광년을 달려온 저 별빛에는
내 어머니의 사랑이 빛나고 있을까

가을이 지나고 새봄이 올 때
나는 어떤 사랑으로 저 별빛이 될까

오래된 집

우리는 오래된 집을 샀어요

정림사지 오층석탑이 지척에 있는 곳
뼈대만 짱짱하게 남은 한옥을 사서
쏟아지는 먼지와 흙을 뒤집어쓰며
서까래와 들보를 손보고
거친 마룻장을 매만지며
부부는 두 해 가을을 지냈다

가마솥과 전자레인지가 나란히 앉은
아늑한 주방에 식탁을 들이고,
흙마당 길목에는 징검다리를 놓은
구절초가 향기로운 장독대에서
된장이 익어가는 오래된 집

두 해를 지나
이제 문밖을 나서면
부여가 제법 가슴으로 들어오고
오래된 집이 부여를 품는단다.

행복

평택에 집 짓고 사는
지인을 만나러 갔다

복숭아나무 사과나무가
집 안을 들여다보고 있는 마당은
채소들이 자라는 텃밭이 가지런하고
밭머리엔 채송화가 옹기종기 앉았다
몹시도 가물었던 지난봄에는
종일 지하수를 퍼 올려도
가슴팍이 내내 타들어가더란다

손톱 밑이 새카맣도록 그네들을 돌보는
평생 초등학교에서 아이들을 가르친 선생님
앞마당에 고양이 가족을 불러들이고
복숭아의 반은 복숭아벌레에게
잎채소의 반은 메뚜기에게 양보를 해도
함께 살아가는 행복이 갑절이라 했다.

물들어가는

나무들도 잎사귀를 내려놓으며
한 생을 마감하지
사람들이 밥숟갈을 내려놓으며
생을 마감하는 것처럼

마음이 따뜻해지는 이야기를 들을 때
아이들은 조금씩 자라나고
어른들은 조금씩 물들어가지
늙어가는 게 아니라 익어가는 거라고
중얼거리며, 조금씩 익숙해져가지

푸르게 흔들렸던 터널을 지나
제 빛으로 물들어가는 지금이
가장 행복하다고

11월의 하늘공원

바람을 맞으러 하늘공원에 가자
언덕을 오르는 억새의 행렬

히스클리프*의 절규 속에서
모질게 버텨온 삶은
얼마나 길었던가

스스로 만든 그림자를 밟으며
묻고 묻혔던 수많은 날들은
또 얼마나 켜켜이 쌓였던가

헝클어진 흰머리로
바람을 맞다 보면
이마에 걸린 나지막한 하늘

수레에 실려 삐걱거리던 시절에도
함께 걸었던
하늘 아래 그 동네

*영국 작가 에밀리 브론테의 장편소설 『폭풍의 언덕』의 주인공.

수다

입으로 들어가는 것의 더러움과
입에서 나오는 것의 헛됨을 생각했다

쏟아진 말들에 쓸려버린 시간이
어둠 속으로 가라앉는다

말들은 안에서 나와 밖을 울리거나
흔들어대거나 떠돌다가 스러진다

내 곁에 머무는 소리 없는 말들
그 일상이
나를 지탱하고 있다.

시들해진다는 것

텅 빈 채 달려가는 것일까
상추가 시들어가는 속도보다
천천히 눈에 띄지 않게
당신과 나,

어느 순간 손을 놓치고
사그라진 불꽃에 가슴을 데이고
그렇게 슬픔이 차오르는 시간을
마주하는 것일까

땀 흘리던 여름날의 밀짚모자
푸른 잎 사이에서 반짝이던 햇살
처마 밑에서 바라본
빗줄기의 서늘함마저
투명한 시간 속에 빛나고 있는데

불꽃이었다가
매캐한 연기였다가
끝내 시커먼 숯 가슴으로 남아도
놓친 손 잡아주며 다시 걷는다
당신과 나

제4부
여름 기도

사랑시

하릴없어 보이는 사람살이에도
저마다 이름표를 붙여주는
크고 세밀한 손길이 있어

키 큰 가문비나무 숲을 지나
길고 흰 강을 씻어주는 바람이 있어

밤하늘에 별이 된 수많은 이름들과
그 아래 피어나는 풀꽃들이여

그대 흔들릴 때마다
함께 몸 흔드는 저 바람소리
그대 숨결 닿는 곳마다
나지막이 들려오는 노래가 있어

여름 기도

새들은 숲에 와서
세상의 일들을 아뢴다

노래하고 지저귀고
슬픔을 토로하는
그들의 기도

나무 아래서 천사를 뵌 사람처럼
나는 머리를 숙이고
말을 아낀다

숲이 짙어질수록
그늘도 깊어진다.

왜

십자가 위에서
주님은 물으셨네

나를 대신하여
십자가를 지실 때
나의 모든 물음을
아버지께 고하셨네

삶의 골짜기마다
왜냐고 묻는 나를
주님은 잠잠히 바라보셨네

갈고리에 걸린 물고기처럼
수많은 물음표들이
꼬리를 물고 표류할 때

주님은 거기
겟세마네에서
내 대신
십자가에 오르고 계셨네.

성탄전야

나 어린 시절 일고여덟 살
하얗게 눈 덮인 성탄전야에
예배당에 모여서
탄일종이 땡땡 부르고
찹쌀떡 두 개 선물로 받았지

예배당 문 앞에는 가난한 어머니
담요 한 장 들고 기다리고 있었네
예배당 앞 눈길은 가로등에 반짝이고
어머니 새하얀 고무신 바닥도
하얀 눈길처럼 반들거려서
내 품에 있던 찹쌀떡 두 개
어머니 등에서 굴러 떨어지고
저만치 눈 위에서 반짝이고 있었네

성탄전야에 받은 찹쌀떡 두 개
주님은 내게 그렇게 오셨네
눈길에 주저앉은 어머니와 나
단번에 일으켰던 찹쌀떡 두 개
주님은 그날 그렇게 오셨네.

벧엘

처음 그분을 뵈었던 곳
처음 나를 드렸던 그곳
내 삶의 벧엘을
더듬어 올라가리

그 이름 읊조리며
걸어온 여정 속에
언제나 앞서
행하셨던 그분

와 보니 모두가 은혜였는데
모두가 사랑이었는데
어둡던 날들을 헤매일 때는
소리 없이 울기도 했었네

벼랑 끝에 서도
나는 감사하네
구르고 깨어진 그곳이
내 삶의 벧엘이었네.

간구

아침마다 응앙 응앙 네가 운다
이마를 내 뺨에 부비며
내가 눈 뜰 때까지
내 눈이 너를 바라볼 때까지

그때 나는 떠올리곤 한다
나도 너처럼 울어야 하겠구나
이마를 묻고 나의 주인에게
응앙 응앙 낱낱이 구해야 하겠구나
나는 늘상 그것을 잊어버리고
홀로 헤매다가 주저앉기도 했다

일용할 양식으로 족한 아침에도
응앙 응앙 울어대는 너를 보면
내게도 저런 간절함이 남았는가
내 안에 있는 불씨를 찾아
낡은 화로를 뒤적여 보는 것이다.

병실에서

쓴 약을 삼키듯 통증을 삼키고
밤새 온몸을 돌아 나온 액체
눈금을 읽으며 소변통을 비운다
세월이 딛고 간 육체에
춥고 마른 바람이 불어와
가지만 남은 계절이 시리다

무서리 내린 새벽
소리 없이 우주를 돌아 나온
온기를 비워낼 때
그대 깊은 곳 붉은 상처들
눈처럼 희게 씻어지기를
간절함으로
두 손 모은다.

낙타처럼

날카로운 가시를 삼켜버리는
낙타의 돌기가 있다면

불면의 밤은
무서운 침묵 속에 잠겨 있고
진흙의 몸은
대지의 숨소리를 듣는 시간

삼키지도 뱉지도 못한 가시가
순간의 비수로 꽂히고
사방에 눈이 달린 시간마저
갈 바를 모르고 비틀거릴 때

가시보다 강한
낙타의 돌기가 있다면
모래바람 속에서도 앞을 볼 수 있는
길고 긴 속눈썹을 가졌다면

이슬에 젖은 새벽을 마주하며
나는 다시,
연약한 무릎을 일으켜 보리라.

신 하박국

아직 나에게는 묵시가 없다

세상의 강포는 여전하고
정의의 강물은 거슬러
강한 자가 신이 되는 시대에

말씀이 허공에서 스러지고
선지자가 장막 뒤에 숨고
하늘의 해가 검은 피를 토하는데

아직 나는 묵시를 받지 못했다

언제쯤 환난이 끝날 것인가
한밤중에 잠이 깨어 사방을 둘러보면
세상의 소요는 어둠에 묻혀 있고
별빛마저 희미하게 깜박이는데

멀리서 선지자의 노래가 들려온다

-나는 여호와로 말미암아 즐거워하며
 나의 구원의 하나님으로 말미암아 기뻐하리로다*

*구약성경 하박국 3장 18절.

시작詩作 노트

김 오르는 국밥 한 그릇이
누군가의 허기를 채워주었다면
국밥은 그에게
하루치의 따뜻함이 되었으리

한 그릇 국밥으로 담기기 위해
어떤 이는 생을 저미고
뭉근한 기다림의 시간을
깊도록 우려내었으리

그리운 이를 위하여
몇 줄의 시를 적어보는 일이란
스쳐 지나는 바람처럼
잡히지 않는 무엇

삶을 저미는 피 흘림 없이
자리를 박차고 일어선
결연함도 없이

그대 숨결에 가 닿기 바라는
작은 마음 하나
시의 향기에 실어 보낼 뿐

생명의 떡

나는 날마다
그 떡을 먹고 산다

광야에 내려온
생명의 떡, 예수
기꺼이 그는 내게
양식이 되었다

갯벌이 바닷물을 끌어당기듯
바다가 갯벌을 감싸주듯
그가 내게로 와서
나의 죄를 덮어주었다

나는 보배로운 양식으로 배부르고
남은 바구니를 거두어
빈들에 서성이는
한 사람을 찾아 나선다

어두운 시간의 허기를 채워줄
한 조각 눈물 같은 위로를 담아
광야의 식탁에서
함께 그 떡을 먹는다.

겨울나무

못난 나와 한바탕 입씨름을 하고
돌아서는 너의 뒷모습이 또 안쓰럽다
다른 건 몰라도 이것만은 양보할 수 없다며
안간힘으로 너를 이겨보려 했다
창 밖에 서 있는 앙상한 나무는
오늘따라 제멋대로 가지를 뻗치고 있다
봄이 되기 전에 잘려나갈 가지들이
눈에 거슬린다
입을 다물고 눈을 감고
푸른 네 모습을 그려본다
어지러운 가지에도 봄볕이 내려
하늘 향한 나무가 되어가기를
너의 시련이 나의 기도가 된다.

너를 보낸다

어떻게 밀어낼까
어찌 내쳐야 할까

켜켜이 쌓인 세월의 더께
처진 볼을 쓸어 올리듯
다독이고 아울러 봐도
발길에 차이는 군더더기들

이제는 흘려보내야지
소중했던 시간을 기억하며
사랑했던 날들을 추억하며

내게 남길 것은
다만 생명
다만 노래
다만,
눈물이 흐르는
깊은 영혼의 계곡

제5부
길

횡성에서

어두워가는
가문비나무 숲에 앉아
기타의 선율에 빠져든다

너무 아픈 사랑은
사랑이 아니었음을,
노래하는 시인의 기타가
내내 맑아서 서럽다

어두워가는 가문비나무 숲에
보랏빛 고요가 스미고 있다.

길

홀연히 길 위에 선다
길 위의 시간은
두고 온 나를 잊게 한다
작은 배낭 하나로 꾸려진
하루의 순례길엔
동행이 많다
살랑이는 바람과 순한 햇살
얼굴 붉어진 나뭇잎들과
발밑에 숨쉬는 흙의 향기에
누구인들 취하지 않으리

흙에 뿌리를 두고 사는
나무와 나는
가슴이 닿아 있다
죽어서는 흙으로 돌아가
나무 아래 묻혔으면 한다
삶이 굽이질 때마다 나는
나무를 올려다보았다
나무가 알려준 그 길을
지도처럼
가슴에 새기곤 했다.

한라산에서

올라갈수록
나지막해지는 산
오를수록 마음이 너그러워진다

삼월에도 눈이 쌓여
등성이마다 깔린 산죽의 무리가
시퍼렇게 바람에 떨고 있다

건너편 오름을 내려다보며
잠시 숨을 고르다 보니
햇살 아래 빛나는 구상나무 군락
뼈대만 남은 나무들이 여기저기
허연 칼날처럼 서 있다

산길에 꽂힌 이정표를 따라가며
사람들이 인사를 나눈다
아무것도 묻지 않고 그저
서로의 길이 되어주는 사람들

올라갈수록
산은 나지막해지고
풍경은 아득히 내려앉는다.

목월 시 정원*

애써 찾은 당신의 정원에
사과꽃 만개하고
라일락 향기 가득합니다
가정, 청노루,
어머니의 언더라인
낯익은 시들이 반기는 정원
처음 만난 내게도
따뜻한 손을 내밉니다

정답고도 쓸쓸한
시인의 문간에는
아홉 켤레의 크고 작은 신발
가지런합니다
굴욕과 얼음의 길*을 걸어와
말없이 미소 짓는
아버지가 있습니다

밥상머리마다 이름 한 번씩 불러주면
가난도 힘겨움도 견디어졌던

아아,
커다란 아버지의 그늘
당신의 정원에 어려 있습니다.

*용인시 처인구 모현면에 위치한 용인묘원 목월 시인의 묘소 옆에 조성된 '박목월 시의 정원'.
*박목월 시 「가정」에서 빌려 씀.

구보 씨와 일일*

노트를 낀 구보 씨를 따라
경성의 하루를 걸어본다

배재학당 마당에서 사진을 찍고
옛 법원을 가로질러 정동예배당을 지나
이화학당 배롱나무와 진분홍 눈맞춤

첨탑만 남은 러시아 공사관 앞을
한참이나 서성이다
고종의 길을 따라 성공회 성당에 이르니
옛 궁궐 앞에서는
뒤섞인 함성이 밀려오는데,

한 세기 전 그들의 품에서
열망을 불태웠을 저 깃발들이
지금은 낯선 점령군이 되어
광장을 흔든다

첩첩이 쌓인 시간 너머에
흰옷 입은 사람들이 지나가고
전차가 지나가고
게다 소리 소란하다

무수한 발자국들을 밟으며
한 떼의 구보 씨들이 걸어가고 있다.

*박태원의 소설 「구보 씨의 일일」에서 빌려 씀.

모르는 여행

모르는 사람들과 차를 타고 가는
모르는 여행

뒷자리에서 모녀의 목소리가
끊임없이 들려온다
한평생 담아둔 노모의
구닥다리 옛날 테레비 같은
트럭으로 한 차나 될 묵은 이야기
미숙이 시집보낼 때 혼숫감에 마음 졸였다는
내가 모르는 미숙이 엄마 이야기가
논바닥으로 가는 물길처럼
조곤조곤 내게로 흘러온다

모르는 사람들과 함께
삶은 때로 혼자여도 좋다
여름 하늘에 흩어지는
하얀 구름 조각들처럼
삶은 때로,
혼자 먹는 밥이어도 좋다.

기억법

구절초 수레국화
쑥부쟁이 벌개미취
암만 들어도 그때뿐
누가 누군지 구별을 못하고
얼굴 하나에
줄지어 따라오는 이름들
이름 하나에
줄지어 따라오는 얼굴들

양평 음식점에서 만난
다정큼나무 꽃
한 무더기 자잘한 흰 꽃과
둥글게 앉은 잎사귀들
처음 만난 꽃인데
다정큼한 이름에 따라오는 얼굴

산속에서 물고기를 파는 주인은
가을 잎사귀처럼 버석거렸지만
그 집 문간에는
키 큰 다정큼나무 한 그루

철원 노동당사에서

지붕 없는 빈 집에
하늘이 내려왔다

총탄의 흔적마저
희미해진 벽 틈에
소국 한 무더기
하얗게 피어나고

취조와 절망의 소리
흩어진 허공에
오늘은
가을빛 눈부시다

무너지지 않는
이산의 한을 찾아
발해를 꿈꾸던 소년*

그리운 얼굴들 서성이는
DMZ 장터에
바람소리 사람소리 흥성이는데

성긴 나뭇가지 빛줄기 타고
비발디의 사계가 흐르고 있다.

*1994년에 발매된 서태지와 아이들 제3집 앨범 타이틀곡 〈발해를 꿈꾸며〉의
 뮤직비디오는 철원 노동당사를 배경으로 제작되었다.

설악에서

산등성이를 감싼 물안개가
속초행 시외버스를 앞서서 간다
짙푸른 녹음은 계곡까지 내려앉았다
버스가 설악휴게소 앞을 지날 때
그 옆 가고파 민박집 마당에
청춘남녀의 얼굴이 풍경처럼 스친다
두 손을 꼭 잡은 그들의 이야기가
차창 너머로 아련하게 전해져 온다
소나무 숲이 가지런한 만해마을을 일별하고
황태덕장을 지나 미시령을 넘어가니
루드베키아 환한 얼굴들이
깜짝 반겨 고갯짓한다
어느새 마음 한켠 풀어놓고
설악의 품에 기대앉을 때
가슴에서는 자꾸
간지러운 웃음이 돋아나고 있다.

서귀포

한라산과 제주 바다가
몸을 섞는 곳
끊임없이 밀려오는 파도와
제자리에서 파도를 맞는 바위들

아무것도 모르는 작은 짐승 같은 물줄기가
검은 바위틈을 헤집고 내려오다
짭조름한 바람에 휩쓸리어
바다로 빠져드는 곳

그곳에 다시 가고 싶어

엉거주춤 바위에 기어올라
제주의 귀퉁이를 온몸으로 끌어안고
모질게 달려와서 마침내
하얗게 부서지는 파도

그 너머 바다를
나 혼자 끝끝내 바라보고 싶어

호로고루*성

늦자란 해바라기 옆에서
구부정하게 웃으며 사진을 찍는다
작열하는 태양을 머리에 이고
하늘을 바라는 호로고루 성
높고 푸른 기상이
깃발처럼 펄럭인다

강 언덕을 지키던 변방의 병사가
외로이 바라보았을 하늘
하늘에 맞닿은 산성 아래로
연연한 강물이 흐르고 흘러
강물에 띄운 그 마음은
지금쯤 고향에 가 닿았을까

*경기도 연천군 장남면 원당리에 위치하는 고구려 보루.
 5세기에 만들어진 것으로 추정.

사파*에서 길을 잃다

붉고 푸른 비단이 출렁이는 사파의 물결에 끌려갔어요 뱀 같은 돌계단을 맨발로 디디며 사파의 심장 가까이로 끝없이 내려갔지요 폭포소리에 귀를 맡긴 채 돌계단의 숨결에 이끌리다 보니 하늘이 푸르게 고여 있는 사파의 우물에 갇히고 말았어요 하늘 아래 첫 동네 사파의 두레박은 층층이 이어진 계단들이었어요 빛나는 눈동자들이 까맣게 우릴 바라보고 있었어요 산허리 안개 사이에선 주름진 논들이 스멀스멀 기어다녔죠 노란 케이블카를 타고 구름 속으로 끌어올려질 때, 하늘을 마주보다 두 눈이 멀었어요 길 잃은 마음은 아직도 사파의 하늘을 헤매고 다녀요

*베트남 하노이에서 서북쪽으로 5시간 거리에 위치하는 최북단의 고산지대. 사파에는 해발 3,143m의 판시판 산이 있다.

우수리스크 발해유적지

동토를 지키는 나무들만
버려진 땅의 주인이 되어

가지는 온통 잘렸어도
뿌리는 연연히 뻗어 있구나

얼어붙은 아무르강 기슭
광활한 대지를 따라

세찬 바람결에 떠도는
잊혀진 역사의 혼이여!

해변에서
—하와이 라니카이 비치

야자수 아래로
에메랄드빛 바다가 밀려온다
모래톱이 힘겹게 바닷물을 밀어내면
작은 새들이 종종걸음을 친다
밀려왔다 떠밀려가는 사이에는 규칙이 존재한다

검은 개가 공을 쫓아 바다로 뛰어든다
개는 겁이 없다
바다는 하늘빛으로 자신을 위장하지만
목숨을 담보 잡은 저 수면 아래에
검붉은 시간을 감추고 있다

너의 실종 이후 바다는 말문을 닫았다
하얀 포말이 밀려올 때마다
가슴에서 파도가 친다
비틀거리는 발자국을 남기며
긴 모래톱을 걷는다.

6월, 광주

광장은 뜨거웠다
불덩이처럼 타올랐다
사흘에 한 번 꼴로 물이 끊어지고
사람들은 목이 말랐다
봄철 내내 가뭄이 이어졌다

무등산 자락에서 만난 그녀는
빨치산의 딸이라고 했다
서울 것으로 살려 했으나
무슨 힘에 이끌렸는지
열두 해를 구례에 살면서
사람 대하는 법을 배운다 했다

지독한 혐오의 벽을 마주하고
그것을 정면으로 꿰뚫어버릴
해방의 일지를 써내려간 사람답게
그녀는 담백했고 자유로웠다
그날의 푸른 열기처럼,
술람미 처녀처럼 검고 아름다웠다.

그들의 역공

그들이 달려왔다
비틀즈의 노래를 부르며
보이지 않게
밤으로만

출처를 모르는
복제품처럼
끝을 알 수 없는
무진장의 행렬에
세계는 팬데믹의 아우성

렛잇비!
자연의 외침이
도처에서 밀려왔다
보이지 않는 전쟁
복면을 쓴
바이러스의 역공

봄, 민들레

드러난 것과 드러나지 않은 것 사이,
감추려는 자들과 찾으려는 자들 사이,
1073일 침묵의 추를 매달고
마침내 너는
무서운 바다 위로 떠올랐구나

7시간의 산고 끝에
가까스로 마주한 세상
너를 억눌렀던 심연은
너를 세월호라 이름 지은
저 운명의 그물이었느냐
육중한 너의 몸체는
어둠의 채찍에 멍들었고
반쯤 찢긴 심장에는
드나든 바람의 흔적이 선명하다

수많은 해와 달이 지나는 동안
망각의 개펄이 너를 틀어막았어도
차마 떠나지 못하고 수면을 떠도는

적막한 목소리들
가슴을 저미는 저 울음의 밑바닥을
너는 조심스레 들여다보아라
깊고 긴 울음의 끝에서 피어난
노란 민들레 한 송이,
소리 없는 환호처럼
낮게 미소하는 얼굴을 보아라

너의 몸 컴컴한 어딘가에
아직 떨고 있을 꽃을 위하여,
진심으로 보내야 하는
그 봄날의 우리를 위하여,
내가 무심코 지나쳤던 길
귀 막고 외면했던 그 길에 피어난
민들레, 노란 꽃잎을 마주하는 봄

침묵의 봄

1.
KF94 너머 그대가 있네
검은 안개 헤치고
구사일생 돌아온 봄
산수유 가지에서
가쁜 숨을 뱉고 있네
사랑하기에,
사랑이라는 거리를 두고 바라보는
더 간절하게 슬프고
아름다운 봄날

2.
보랏빛 고깔제비꽃
바람에 떨고 있다
유채꽃밭은
통째로 뒤집어지고
황폐한 바람이
사람 사는 마을을
훑고 간다

하늘을 나는 흰 꽃잎들만
소리 없이 눈부신

3.
얼마나 많은 울음이
숨죽이고 있었을까
조금씩 고여 든 슬픔이
바람에 출렁이다가
봄비 내려와
그리운 길목을 적시네
천지에 꽃잎 흩어지고
가지를 감싸는 초록빛
고요

제6부
윤동주문학기행

청년 윤동주를 찾아서
―교토에서 후쿠오카까지

첫날

그리움을 안고 ― 역시 여행을 떠나기 전날은 잠을 설친다. 가까스로 새벽 5시 10분에 공항버스를 타고 이어폰으로 모차르트 클라리넷 A장조를 들으며 들뜬 마음을 가라앉혔다. 새벽 같지 않게 북적이는 공항의 인파 속에서 복잡한 출국절차를 거치고 9시 발 비행기에 올라 10시 40분 오사카 간사이공항에 도착했다. 비행기 안에 설치된 엔터테인먼트 기기로 바흐의 오보에협주곡과 이준익 감독의 영화 「박열」을 잠시 감상했다. 고운기 교수님과 함께 청년 윤동주를 찾아가는 3박 4일의 가슴 설레는 일정에 합류한 일행은 '윤동주문학기행' 참가자 26명과 대산문화재단, 교보문고, 한진관광에서 오신 스태프 각각 1명씩을 합해 모두 30명이었다.

간사이공항은 인공섬 위에 공항을 조성했기 때문에 면지진(지진을 면한다는 의미) 설계를 했다고 하는데,

멀리서 보면 공항 가운데 부분이 약간 높은 볼록렌즈 같은 형태를 하고 있었다. 일행을 태운 버스가 다리를 건너 교토로 이동하는 동안 도로의 양옆으로 일본식의 아담한 집들과 건물들이 줄지어 있었다. 교토가 분지라서 그런지 산은 거의 보이지 않고 집들과 하천 사이에 녹지가 군데군데 어우러져 있어 아늑하고 평화로운 느낌을 주었다.

도시샤同志社대학으로 ― 간사이공항을 뒤로하고 버스로 1시간 반을 달려 교토의 도시샤대학에 도착했다. 관서지방의 가장 오래된 대학인 도시샤대학은 무사의 아들인 '니지마 조'라는 일본 청년이 미국에서 대학을 졸업하고 목사가 되어 1875년에 설립한 학교라고 한다. 윤동주가 도쿄의 릿교入教대학에서 도시샤로 옮긴 것은 송몽규와 같은 도시에 있기 위한 것이기도 하고, 도시샤의 기독교적 분위기가 연희전문학교와 비슷한 까닭도 있었을 것이라 한다. 붉은 벽돌로 단단하게 지어진 건물들은 도시샤대학의 오랜 역사를 말해주듯 오후의 햇살 아래 고색창연한 빛을 발하고 있었고, 캠퍼스 여기저기에 삼삼오오 무리를 지은 학생들의 모습도 물이 들기 시작한 나무들과 어우러져 밝고 아름답게 보였다.

기대와 숙연함을 안고 교정을 한참 걸어가니 어느 붉은 벽돌 건물 뒤편에 윤동주의 자그마한 시비가 자리하고 있었다. 시비에는 윤동주의 친필체로 새겨진 「서시」 옆에 일어 번역문이 새겨져 있었다. 시비 앞에는 작은 태극기와 일장기가 함께 꽂혀 있고, 누가 그렸는지 모르는 동주의 얼굴과 '불멸의 청년 윤동주 님과 함께'라는 글을 써 넣은 작은 액자가 놓여 있었다. 이 교정에서 한 해 동안 영문학을 공부하며 한글로 시를 썼을 청년 윤동주. 그의 발자취를 간직하고 있을 이곳 도시샤의 교정에서 우리는 기념사진을 찍고 묵념을 하고 그의 삶과 정신을 회고했다. 형언할 수 없는 먹먹한 감정이 나를 가득 채웠다. 생전에 한 번도 만나본 적 없는 그를 나는 왜 이처럼 그리워하는가. 그의 삶과 죽음은 나에게 어떤 의미이기에 이렇게 내 안에 가득 차오르는가.

교수님의 설명을 들으며 일행은 몇 미터 옆에 세워진 정지용의 시비로 걸음을 옮겼다. 정지용은 윤동주보다 앞서 도시샤대학에서 공부를 했던 윤동주의 선배이자 동주가 흠모했던 시인이었으며, 1948년 윤동주 첫 번째 유고시집 『하늘과 바람과 별과 詩』에 서문을 썼던 깊은 인연의 사람이었다. 도시샤대학에 윤동주의 시비가 세워지고 많은 사람들이 그의 시비를 찾아오게 되자, 정지용 시인의 고향인 충북 옥천에서는 그곳에 정지용의 시비도 함께 세우는 것이 좋겠다 하여 대학 당국의 승인을 얻어내고 국내에서 제작한 시비를 배로 운송해 가서 윤동주 시비 옆쪽에 세웠다고 한다. 정지용의 시비에는 「압천鴨川」

이라는 시와 일어로 번역된 작은 글씨가 새겨져 있었다.

동주의 하숙집 터—동주와 지용의 자취가 그곳에 남아 있다는 생각 때문이었는지 도시샤대학 교정을 나설 때는 발걸음이 떨어지지 않았다. 마음은 차마 그곳을 떠나지 못하고 몸만 차에 올랐다. 그길로 우리가 찾아간 곳은 윤동주가 살았던 하숙집 터와 송몽규가 살았던 하숙집 터가 있는 한적하고 아름다운 마을이었다. 일본식의 단아한 집들이 줄지어 있는 골목들을 걸으며 청년 동주와 몽규를 생각했다. 동주는 자신의 하숙집을 나와 몽규의 하숙집을 지나 걸어서 학교에 갔을 것이다.

동주가 하숙을 하던 집터에는 지금은 교토 조형예술대학의 별관이 자리하고 있었고, 입구 앞 길가에는 '尹東柱留魂之碑'라고 쓰인 비석과 「서시」가 새겨진 시비가 세워져 있었다. 도시샤대학의 「서시」와 마찬가지로 일어로 번역된 「서시」에는 "죽는 날까지 하늘을 우러러"에서 '하늘'이 '空'(일본어 발음으로 '소라')으로 번역되어 있었다. '空'은 공간적인 하늘을 뜻하기 때문에 윤동주가 말하는 '하늘'과는 의미가 일치하지 않아 논란이 있지만, '天'으로 번역했을 경우 너무 종교적인 느낌을 주기 때문에 일반적인 의미에서 '空'으로 번역되었을 것이라는 설명을 들었다.

해질녘의 압천鴨川—왕의 도시, 일본의 옛 수도였던 교토는 두 개의 강이 만나서 도시 전체를 길게 흐르는 가모가와강(압천)을 따라 조성되었는데, 궁궐이 있었던 어소御所에서부터 2조에서 7조까지의 구역으로 나뉘어져 있다고 한다. 해질녘에 우리가 내려간 3조 대교 아래 둔치에는 '압천'이라는 이름에 걸맞게 여기저기 오리들이 헤엄치는 모습을 볼 수 있었다. "鴨川 十里ㅅ벌에 해는 저물어 저물어 날이 날마다 님 보내기 목이 자졌다"고 노래한, 도시샤대학 시비에서 만난 정지용의 시가 떠올랐다. 그 옛날 지용이, 또 후에 동주가 바라보았을 강물을 바라보며 그들이 자주 거닐었을 강둑을 한참동안이나 걸어보았다. 강둑에 앉아 재잘거리는 단발머리 소녀들은 그 시절에도 이 강가에 있었을 것이다. 강변에서 북을 치는 젊은이, 신나게 탭댄스를 추는 젊은이는 강물 속으로 떠내려간 슬픈 역사의 한 줄기를 알고 있을까. 용솟음치며 세차게 흐르는 강물 위로 저녁빛이 천천히 내리고 있었다.

> 사랑하는 그대의 발자취를 따라서
> 그대가 마지막 생을 보냈던 교토의 거리를 걸었습니다.
> 하마 여기쯤에서 그대가 잠시 하늘을 우러러 보았을까
> 푸른 하늘 아래 인간으로서, 식민지의 청년으로서
> 한없는 부끄러움을 느꼈을 그대를 생각하며

날이 저물도록 교토의 거리를 걷다 보니
마치 그대가 우리 일행과 함께 걷는 듯
따뜻한 눈길과 미소가 느껴졌습니다.
"육첩방은 남의 나라"라고 했던 이국땅에서
그대가 느꼈을 시대의 막막함과 안타까움이
지금 저에게 전해져오는 듯합니다.

둘째 날

아마가세 다리 위에서─윤동주의 마지막 모습은 1943년 여름방학을 맞아 학우들과 함께 우지강의 아마가세 다리에서 찍은 사진 속에 남아 있다. 교토에서 차로 1시간 정도 내려가는 우지강에 그해에 구름다리가 만들어졌는데, 당시로는 명물로 알려져 사람들이 그곳을 찾아 사진을 찍곤 했다는 것이다. 다리 난간을 배경으로 9명의 젊은 이들이 함께 찍은 사진 속 동주의 모습은 어쩐지 우수에 차 있는 듯하다. 아마가세 다리와 비파호, 이 두 곳이 윤동주가 교토생활에서 놀러갔던 곳이라는 정황과 기록이 남아 있다고 한다.

20여 년 전 KBS가 NHK와 공동으로 '윤동주 다큐멘터리'를 제작할 당시 학적부를 보고 찾아낸 사람이 사진 속 윤동주의 왼쪽에 있던 여학생이라고 한다. 그녀는 처음에 윤동주의 이름을 기억하지 못하다가 자신의 모습이 있는 사진을 보여주자 동주를 기억해내고 그에 대한 이야기를 들려주었다고 한다. 최근 들어 아마가세 다리 근처에 있는 또 다른 다리 옆에 윤동주 시비가 만들어졌다고 하는데, 미처 발견하지 못하고 지나쳐 버린 바람에 교수님이 몹시 난감해했다. 다시 돌아가자는 의견들이 있었지만, 아라시야마로 이동하여 도록코 열차를 타야 하는 다음 일정에 맞춰야 하기에 모두들 아쉬운 마음을 달래야 했다. 웃으며 다음을 기약했으나 어차피 지난 시간이란 다시 돌이킬 수 없는 것이 아닌가. 아마가세 다리 근처에 윤동주의 시비가 세워졌다는 것으로 위안을 삼고 발걸음을 옮겼다.

   아라시야마에서 관광용 도록코 열차를 타고 대나무숲 차쿠린에 도착하여 그곳을 산책하고 금각사를 답사한 후에, 교토로 돌아와 기온 전통거리를 걸으며 일본의 전통문화를 살펴볼 수 있었다. 사람들로 북적이는 기온 전통거리에서 일본 전통의상 기모노를 입은 여성들을 많이 볼 수 있었지만, 운이 좋으면 볼 수 있다는 게이샤의 모습은 만나지 못했다.

셋째 날

교토에서 오사카까지—일본 사람들은 살아서는 신사, 죽어서는 절에다 삶을 의탁한다고 하는데, 1200여 년 동안이나 일본의 수도였던 교토는 절과 신사들로 뒤덮여 있다고 해도 과언이 아니었다. 우리나라와는 다르게 일본의 승려들은 가정을 이루고 절에 출퇴근을 한다는데, 승려가 일등 신랑감으로 꼽힐 정도라고 한다.

교토를 대표하는 절 중 하나인 청수사를 답사하고 나라로 이동하여 사슴공원으로도 유명한 동대사를 답사하였다. 동쪽의 큰절이라는 의미로 동대사(도우다이샤)로 불리게 되었다고 하는데, 드넓은 경내에는 세계 최대 목조건축물인 동대사 대불전이 그 위용을 자랑하고 있었다. 단청을 입히지 않아 더욱 고풍스런 멋을 느끼게 하는 목조 대불전의 건축은 728년 소무천황 때 백제인, 신라인 승려들과 고구려인이 함께 참여하였다고 한다. 동대사의 웅장한 대불전을 뒤로하고 산기슭을 올라 인적이 드문 곳에 이르니 돌단에 '辛國社'라고 새겨진 버스정류장만 한 작은 신사가 눈에 띄었다. 그곳은 동대사를 지은 이들을 모시는 신사라고 했다. 유네스코 세계문화유산에 등재된 세계 최대 목조건축물에 비하면 너무도 초라한 신사의 모습에 조금은 짠한 감정이 들기도 하고, 이국땅에서 조상들의 넋을 만난 반가움과 숙연함이 느껴지기도 하였다.

나라를 출발한 지 2시간 정도 지나 일본의 제2도시로 불리는 오사카의 오사카성에 도착하였다. 아름다운 해자와 5층의 천수각(덴슈각)으로 유명한 오사카성은 오사카에 갈 때마다 들렀던 곳이지만, 천수각 꼭대기 전망대에 올라가보기는 이번이 처음이었다. 외부에서 볼 때는 오랜 건축물처럼 보이는 천수각은 원래는 목조건물이었다고 하는데, 지금은 콘크리트 건물로 복원되어 입구에는 전망대까지 올라가는 엘리베이터가 있었다. 내부는 모두 현대식으로 만들어졌고, 내려올 때는 좁은 계단을 따라 층마다 들러 오사카성의 역사와 도요토미 히데요시에 대한 사진과 영상, 전시물 등을 관람하도록 박물관으로 꾸며져 있었다. 유적을 원래대로 복원하여 보존하는 것이 나은지, 새롭게 문화적 공간으로 만들어 공유하는 것이 나은지 생각해보게 하는 부분이었다.

넷째 날

배를 타고 후쿠오카로—전날 저녁 우리 일행은 오사카 남항에서 출발하는 명문페리를 타고 아카시해협과 쿠루시마해협을 통과하여 이른 아침 기타큐슈의 신모지 항에 도착하였다. 오사카에서 배를 탈 때는 세월호의 아이들이 떠오르는 듯 분위기가 다소 가라앉기도 했지만, 거대한 페리의 1등 객실에서 생각보다 편하게 하룻밤을 보낸 것은 특별한 여정이기도 했다. 일행은 이른 아침에 갑판에 올라 바다를 구경하거나 배의 로비에서 교수님과 사진을 찍기도 하였다. 나도 교수님의 책 『나의 별에도 봄이 오면』을 들고 가서 사인을 부탁했다.

  청년 윤동주를 찾아 떠난 문학기행 일정의 마지막 날이기도 하고, 윤동주가 마지막으로 생을 마감한 후쿠오카 형무소를 찾아가는 날이기도 해서 마음은 왠지 모를 비장함으로 설렜다. 배에서 아침을 먹고 신모지 항에서 차로 1시간 반 정도를 달려 후쿠오카에 도착했다. 지난해 가을 패키지여행으로 후쿠오카에 들러 해변의 힐튼호텔에서 하룻밤을 묵을 때, 개인적으로 후쿠오카 형무소를 찾아보고 싶었다. 늦은 시간에 호텔을 나와 근처의 모모치 해변까지 걸어갔지만 밤중에 길을 헤맬 자신이 없었다. 그 밤, 윤동주의 안타까웠던 죽음을 생각하며 밤이 깊도록 해변에 앉아 바다 저편에서 깜박이는 불빛을 바라보며 가슴 먹먹했던 기억을 나는 오래도록 잊을 수 없을 것이다.

  후쿠오카福岡 **형무소 자리**─후쿠오카에 도착하였을 때 먼저 와서 우리를 기다리던 분이 있었다. 후쿠오카에서 20년 넘게 '윤동주 시를 읽는 모임'을 이끌고 계신

니시오카 겐지西岡健治 교수였다.

  니시오카 교수는 33년 전 연세대에서 한국 고전「춘향전」을 전공하고, 후쿠오카 현립대학교에서 교수를 지낸 분이다. 자신은 본래 도쿄 출신이지만 후쿠오카에 정착하면서 우연히 후쿠오카 형무소에서 150미터 떨어진 곳에서 살게 되었다고 한다. 광복 50주년이자 윤동주 사후 50주년인 1995년 2월 16일에 후쿠오카 형무소 자리에서 윤동주 추모행사를 가졌을 때, 어떤 연유에서인지 한국의 김우종 교수가 자신에게 후쿠오카 시에 집회 신청을 받는 일을 부탁했다는 것이다. 그 일을 계기로 윤동주 시인과의 인연을 자신의 운명처럼 여긴 니시오카 교수는 후쿠오카에 '윤동주 시를 읽는 모임'을 만들고 윤동주 시를 한글로 읽으며, 매년 2월 16일을 전후로 한국에서 오신 분들과 그곳에서 윤동주 추모제를 지낸다고 한다.

  니시오카 교수가 인쇄해 온 지도에 표기된 구. 후쿠오카 형무소는 현재 후쿠오카 구치소가 있는 자리가 아니라, 후쿠오카 구치소 뒤쪽에 있는 모모치 니시 공원百道西公園과 낮은 아파트 단지가 들어선 쪽이었다. 니시 공원은 놀이터와 등나무 아래 벤치만 놓여 있는 공터 같은 곳이었는데, 구치소와 아파트 단지 사이에 있는 옛 담장만이 그곳에 형무소가 있었음을 알게 하였다. 우리는 그곳에서 윤동주를 기억하며 잠시 묵념을 하고, 윤동주의 시를 낭송하고, 윤동주에게 쓴 편지를 읽는 것으로 그를 추모했다.

동주여 동주여! — 1943년 7월 14일, 방학을 맞아 고국에 돌아가기 위해 교토의 하숙집을 나서던 윤동주는 독립운동 혐의로 일경에 체포되어 2년 형을 선고받는다. 그리고 후쿠오카 형무소로 이송되어 복역하다가 조국의 광복을 6개월 앞두고 차가운 독방에서 홀로 쓸쓸히 죽어 갔다. 교토의 시모가모 경찰서에서 취조를 받을 때 동주는 가지고 있던 시들을 일본어로 번역하라는 명령을 받았다고 알려졌다. 한글 사용이 금지되었던 일제 강점기 말에도 조국의 언어를 순결처럼 지키며 한글로 시를 썼던 그에게 자신의 시를 일본어로 번역하라는 것은 죽음과도 같은 시련이었을 것이다. 그때 그들은 이미 동주를 죽인 것이라고, 구효서 작가는 말한 바 있다.

우리에게 알려진 윤동주의 마지막 작품은 1942년 6월 3일 도쿄 변두리의 하숙집에서 쓴 「쉽게 쓰여진 시」이다. 이후 1년 넘은 시간 동안 동주는 시를 쓰지 않았던 것일까. 교토에서 쓴 그의 시들은 우리에게 알려지지 않은 채로 일본 형사의 손에 넘어갔을 것이다. 일본 어딘가에 남아 있을 윤동주의 미발표 시들을 우리는 언제쯤 만날 수 있을까.

후쿠오카의 일본인들이 윤동주를 사랑하고 윤동주의 시를 읽는 것이 어떤 의미인지는 정확히 알 수 없다.

식민지 국가에서 온 한 젊은이, 시를 쓰는 선한 미소의 젊은이가 후쿠오카에서 죽어갔다는 사실이 그들에게 미안한 마음과 호기심을 자아냈을지도 모르겠다. 그러나 그들이 오랜 세월 윤동주를 기리고 그의 시를 읽기 위해 한글을 배우는 노력을 기울이는 까닭은 윤동주의 순수한 시들이 주는 보편적인 감동이 그들의 마음에도 울림을 주었기 때문일 것이다. 니시오카 교수는 윤동주를 진심으로 사랑하고 그의 죽음을 애석해하는 것 같았다. 연세대 유학 시절에 교정에 있는 윤동주의 시비를 보고 그에게 관심을 갖기 시작했다고 말했다.

화장터 — 우리는 니시오카 교수를 따라 다시 해변 쪽으로 걸음을 옮겼다. 지금은 큰 도로가 나 있는 그곳에 당시에는 화장터가 있었다고 한다. 그곳에서 동주와 몽규의 주검은 한 줌의 재가 되어 현해탄을 건너 꿈에도 그렸을 고향으로 돌아갔다. 송몽규의 조카이자 『윤동주 평전』의 저자인 송우혜 선생은 최근 '윤동주와 송몽규의 아버지가 남긴 비의祕意'라는 글에서, 윤동주의 유해를 안고 귀향길에 오르던 동주의 아버지가 일본을 떠나기 전에 현해탄 고요한 바닷가에서 윤동주의 유해 일부를 바닷물에 뿌리고 기도를 드렸다고 전한다. 자신이 윤동주의 누이인 윤혜원 여사의 증언으로 그 이야기를 처음 대했을 때, 너무도 이상하여 신비롭기까지 한 느낌을 받았다고 한다. 그는 윤동주의 부친이 아들의 유해 일부를 원수의 나라 일본의 바닷물에 뿌렸을 때, 피해자와 가해자가 화해하는 시간이 오기를 간절하게 원하는 깊고 안타까운 소망이 그를 붙들고 있었을 것이라고 했다.

2017년 12월 30일, 윤동주의 100번째 생일을 맞는다. 올해가 윤동주 탄생 100주년이라는 의미는 윤동주를 사랑하고 그의 시를 좋아하는 모든 사람들에게 특별한 감동으로 다가온다. 그가 짧은 생애를 살았던 역사의 아픔은 아직도 다 아물지 않은 채 남아 있지만, 우리는 인간으로서의 부끄럼을 알았던 그의 순결한 정신과 혼이 묻어 있는 시들을 읽으며 뜨거운 가슴으로 그를 기린다.

(2017년 11월)

| 감상 평설 |

경직된 틀 벗기 그리고 직관의 세계

김지원
(시인, 전 한국크리스천문학가협회장)

경직된 틀 벗기 그리고 직관의 세계

김지원
(시인, 전 한국크리스천문학가협회장)

1.

엄순복 시인이 두 번째 시집을 상재한다.

그의 시력詩歷이 30년을 바라보고 있으니 과작寡作이다. 등단 이후 15년을 훨씬 지나서야 첫 시집 『나무 그림자만 한 고요』를 냈는데 그로부터 10년이 다 되어서 다시 전가傳家의 보도寶刀처럼 숨겨 놓은 시편들을 불쑥 세상에 내밀고 있다.

'파블로 네루다'가 말한 것처럼 "시가 나를 찾아오기까지" 기다렸는지 아니면 그가 서두에 올린 시 「가만히」처럼 "사람 사는 세상에서/무엇이 된다는 건/그것에게 얼마큼은/나를 내어주는 일"이라 여겨 자신을 드러내는 일에 심사숙고의 시간을 가졌는지 알 수 없다. 그러나 어느 쪽이든 간에 조급하지 않은 행보를 보여준 것만큼은 분명하다.

첫 번째 시집에서는 시각적인 것을 청각적인 것으로 변환시키는 공감각적인 방법으로 심상을 표출했다면 이번에는 그동안의 침묵 속에서 깨달은 삶의 편린들을 통하여 내포된 의미를 보여주고 있다.

2.

시가 언어 예술의 최고봉에 있다면 직관의 세계 역시 형상화의 최정점에 자리 잡고 있다. 전통적인 표현 방법의 일탈이라든지, 상식의 범주를 뛰어넘는 비논리성과, 이미지의 모호성은 시가 지닌 비의祕意를 전달하는 독창적 방법의 한 가지임을 부인할 수 없다.

여기서 엄순복은 심상의 출발점을 붉은 산에서 나는 '새'를 기점으로 하고 있다. 그리고 그 새는 붉은 산에서 초록 세상까지를 날고 있다.

> 점점이 붉은 산
> 새가 난다
>
> 대각선으로 바라보면
> 삶은,
> 유영하는 물고기처럼
> 가벼이 떠돌고
>
> 차갑게 달려드는 물결에
> 한세월 떠내려왔으나
> 물속 같은 세상에도
> 간간이 퍼지는 햇살
>
> 구름 사이로
> 새가 난다.
>
> ―「새」 전문

그렇다면 작품 속에 등장하는 붉은 산이란 무엇인가. 상기 작품에서 볼 수 있듯이 "차갑게 달려드는 물결에 한세월 떠내려온 물속 같은 세상"을 말하는 것인가. 그의 작품 「봄은 온다」에서도 역시 "까맣게 타버린 산자락마다/기억이 하나 둘 무릎을 세워//푸른 잎 하나 없는 빈 가지에/선연하게 혼불로 되살아나는//봄은, 온다."고 하였다.

상기 작품의 공통분모는 까맣게 타버린 상실의 시간으로부터 회복의 시간까지의 시간을 말하고 있다. 그리고 그 회복의 시간은 "순간의 날개 활짝 펴서/생애 가장 뜨거운 몸짓으로/하얗게 하얗게/날아오르는" 때를 말한다. 이런 의미로 그의 작품 「눈물」도 같은 맥락에서 이해할 수 있으리라 보는데 시 「눈물」 또한 그가 숨쉬고 다시 살아갈 수 있는 삶의 의미와 희망을 병행 제시하고 있다.

잠깐 동안 세상은
하늘하늘한 너울에 감싸이다가

격정의 순간이 지나고
순정한 것들이 내 안에 고여

뜨겁다가 울렁이다가
어느덧 흘러나오는

내 안에서 숨쉬는 것
아아, 나를 살게 하는 것.
―「눈물」 전문

그리고 "미처 못 나눈 말들/켜켜이 쌓인 가지에서//눈시울 붉은/새 한 마리/고운 울음 울다가 간다"고 하였다. 이로 미루어 보건대 뜨거운 세상과 더불어 마침내 조우하게 될 초록의 세상은 그가 바라던 꿈의 시공이라는 결론에 도달하게 된다.

3.

구태여 시를 형상화시키는 데 형태학적인 구분을 한다면 결합의 시와 융합의 시로 대별할 수 있을 것이다. 결합의 시가 이미지를 표출할 때 직설적인 노출이 보이거나 육화되지 않은 무리한 혼합으로 부자연스럽다면 융합의 시는 시적 대상이 이미지 속에 녹아 노출되지 않은 자연스러움에 있다. 따라서 이런 작품들은 무리없이 독자들에게 다가갈 수 있는 친화력을 갖는다 할 것이다. 이런 측면으로 결합의 시는 물리적인 것으로, 융합의 시는 화학적인 연합으로 구별할 수 있을 것이다.

특별히 엄순복의 시에 있어서 자연스러움은 목적시뿐만 아니라 비목적시에도 발견된다는 사실에 주목해야 한다. 그의 언어 구사 능력에 무리가 없다는 뜻이다.

　새들은 숲에 와서
　세상의 일들을 아뢴다

　노래하고 지저귀고
　슬픔을 토로하는
　그들의 기도

나무 아래서 천사를 뵌 사람처럼
　　나는 머리를 숙이고
　　말을 아낀다

　　숲이 짙어질수록
　　그늘도 깊어진다.
　　　　　　　　　　－「여름 기도」 전문

　상기의 시 「여름 기도」는 성약成約 시대라 할 수 있지만 다른 의미로 그가 꿈꾸는 살 만한 세상이라 할 수도 있다.
　좋은 시란 쉬운 시라는 사실에 공감한다. 그러나 쉽고 공감할 수 있는 시를 쓴다는 것이 그렇게 쉽지만은 않다는 데 문제가 있다. 결국 쉽고 좋은 시란 오랫동안 절차탁마切磋琢磨에 투자한 언어세공의 결과물이라는 사실 외에 다른 답이 없다는 결론에 이르게 된다.

　　목소리만 남기고
　　뾰족한 턱은 사라졌네
　　그날의 간절한 눈빛
　　막막한 젊음 앞에서 목놓았던
　　붉은 열망마저 하나 둘
　　집으로 돌아갔네

　　생명을 일깨웠던 푸른 잎들아
　　부풀어 오르던 꿈들아

무르익은 오후는
시간의 언덕을 내려갔네
끓어오르는 물처럼
솟구치던 마음은
잠잠히 산을 바라네
물에 잠기네.
　　　　－「사라지는 것들」 전문

마침내 그 책을 열었을 때
첫 페이지에 쓰인 내 이름 석 자
그 아래 선생의 이름 두 글자가
만년필의 자취로 남아 있다

하얀 지면에 글자를 새기던
그 순간의 빛과 공기의 흐름

적당히 팽팽하던 공기의 긴장과
완급을 조절하던 시간의 흐름 사이
미끄러지는 만년필을 따라가던
눈길을 떠올린다

내 안의 공기를 한 바퀴 순환시켜
깊은 숨으로 토하게 하는
한 치의 허술함도
허용하지 않을 눈빛

한 시대를 걸어온 그 이름이
나를 응시하고 있다.
-「사인sign」 전문

상기의 시편 중 전편 「사라지는 것들」은 단순히 오래된 시간표에 따라 자취를 감춘 옛것이 아니라 생명을 일깨웠던 푸른 잎들과 부풀어 오르던 꿈들이다. 그리고 이제 그것은, 산을 바라보는 시선은 불가항력적인 것이고 물에 잠기는 것들이란 관조의 세상이다.

그와 더불어 「사인sign」은 서명된 한 권의 책을 바라보면서 풀어내는 연상의 힘을 보여주고 있다. 눈빛, 자세, 팽팽한 긴장 이런 것들은 침묵하는 세월 동안 다져진 그의 호흡을 증명하고 있다.

이번 시집에는 많은 시간 조탁彫琢의 흔적도 보인다. 특별히 서정성의 깊이도 더해졌다. 시 「횡성에서」는 "-너무 아픈 사랑은/사랑이 아니었음을,/노래하는 시인의 기타가/내내 맑아서 서럽다//어두워가는 가문비나무 숲에/보랏빛 고요가 스미고 있다."는 절창도 있다. 감성을 상실한 황폐한 언어의 범람 속에서 쉬운 말로도 능히 좋은 시를 쓸 수 있다는 가능성을 독자들에게 보여준 셈이다.